www.ingramcontent.com/pod product compliance
Lightning Source LLC
Chambersburg PA
CBHW081527220526
45467CB00010B/3080